VENTE A PARIS

Le Mardi 11 Mars 1913

HOTEL DROUOT, SALLE N° 11

JETONS

COMMISSAIRE-PRISEUR :
M° EMILE BOUDIN
14, RUE DE LA GRANGE-BATELIÈRE

EXPERT :
M. ÉTIENNE BOURGEY
7, RUE DROUOT, 7

PARIS

ADRESSE TÉLÉGR. ÉTIENBOURG-PARIS

JETONS

VENTE AUX ENCHÈRES PUBLIQUES

À PARIS, HÔTEL DES COMMISSAIRES-PRISEURS, RUE DROUOT, 9

SALLE N° 11, AU PREMIER ÉTAGE

Le Mardi 11 Mars 1913

À DEUX HEURES PRÉCISES

EXPOSITION PUBLIQUE UNE HEURE AVANT LA VENTE

<table>
<tr><td>COMMISSAIRE-PRISEUR :</td><td>EXPERT :</td></tr>
<tr><td>Me Emile BOUDIN</td><td>M. Étienne BOURGEY</td></tr>
<tr><td>14, Rue de la Grange-Batelière</td><td>7, rue Drouot, 7</td></tr>
</table>

PARIS

ADRESSE TÉLÉGR. ÉTIENBOURG-PARIS

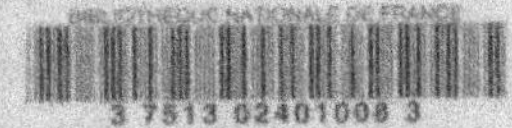

Exposition particulière :

Le Lundi 10 Mars 1913, chez M. Etienne Bourgey, expert, 7, rue Drouot. (Tél. 274-64).

Exposition publique :

Le Mardi 11 Mars 1913, Hôtel des Ventes, Salle 11, une heure avant la vente.

———

La vente aura lieu au comptant.

Les acquéreurs paieront dix pour cent en sus des enchères.

L'authenticité des pièces est garantie.

M. Etienne Bourgey, 7, rue Drouot, se charge d'exécuter les commissions qui lui seront confiées.

L'ordre du catalogue sera suivi. L'expert se réserve le droit de diviser ou de réunir les lots.

———

MOYEN-AGE

1 *Chambre des Comptes.* Ecu à deux fasces. 3 p. variées. — Ecu
   fleurdelisé. 8 variétés. Cuivre. — Ens. 11 p. TB.

2 *Chambre du Trésor.* Clef. 3 p. var. — 4 pênes de clef en croix.
   3 p. var. *Chambre aux Deniers.* Deux clefs. — Croix cantonnée
   de lis et de clefs. Cuivre. — Ens. 8 p. B. et TB.

3 *Trésor d'Outre-mer.* + GETOVERS. DV. TRESER. Saint-Louis à genoux
   devant la croix de Jérusalem. ℞. DOVLTRE MER. Croix cantonnée
   de lis. Cuivre.

4 *Pierre de Rochefort.* + GIETOIRS. PIERRE. DE. Couronne entre
   2 clefs. ℞. RO-CE-FO-RT. Croix cantonnée de lis dans un quadrilobe. Cuivre. B. Rare.   *Voyez planche I.*

5 *Michel Paumier.* + MICHIES. PAVMIERI. Coq. ℞. + DE ; LATON ; SVI ;
   NOVMES. Croix dans un quadrilobe. Cuivre. TB. Rare.
                                                     Voyez planche I.

6 *Type à l'écu.* Fleurs de lis sans nombre. 5 p. var. — Ecu en
   losange. — Champ fleurdelisé. — Ecu aux 3 lis. 5 p. var. — Lis
   dans le champ. Cuivre. — Ens. 13 p. TB.

7 *Type à l'agnel.* 5 p. variées. *Type royal.* 5 p. variées. *Type au
   châtel.* 3 p. variées. Cuivre. — Ens. 13 p. TB.

8 *Type à la couronne.* 4 p. variées. *Homme sauvage.* 1 p. *Type
   esterlin.* 3 p. *Têtes de profil.* 3 p. *Type à l'ours.* Cuivre. —
   Ens. 12 p. TB.

9 *Ecuries royales.* Cheval sellé. ℞. Croix. *Cuisines.* Coq. 2 p.
   variées. — Paon. ℞. Dextrochère. — Serpe. *Chasses.* Cerf à
   dr. Cuivre. — Ens. 6 p.

10 Lég. simulée. Coq dans un grénetis. ℞. Ecu penché sous un
   casque avec lambrequins. Cuivre. TB.   *Voyez planche I.*

11 *Types divers*. Cercles. — Croix. — Monogramme du Christ (3 p.).
Saints (5 p.). Cuivre. — Ens. 10 p. variées. B. et TB.
12 Ecu au lion avec bande brochant. ℞. ✠ HONORES. NVTANT. MORES.
Agnel. Cuivre. B. *Voyez planche I.*
13 Lion rampant sur champ billeté, chargé d'un écusson à la croix.
Bordure de lis. ℞. Le même répété. Cuivre. TB.
Voyez planche I.
14 Ecu au lion sur champ billeté. Bordure de lis. ℞. Même type.
Cuivre. TB. *Voyez planche I.*
15 Ecu au lion dans un sexilobe. ℞. Croix ancrée traversant un
cercle rempli de 12 besants. — Autre. ℞. Croix arquée. Cuivre. — Ens. 2 p. B.
16 ✠ PAR. AMOVRS. SVI. DONES. RE. Ecu aux trois hures de sanglier dans
un trilobe. ℞. ✠ GETEZ : CONTE : SOV : MES. Croix dans un quadrilobe. Cuivre. B.
17 *Jeton anglais*. Ecu aux trois léopards. ℞. Croix recroisetée. Bordure de points. Cuivre. B.
18 *Jetons armoriés*. Armes à déterminer, Cuivre. 12 p. variées. TB.
lot intéressant.
19 Autres pièces variées. Jetons et méreaux. Cuivre. 6 p. B. et TB.

REINES DE FRANCE
DAUPHINES, PRINCESSES DU SANG

20 *Blanche de Castille*. Grand lis. ℞. Château. *Marie de Brabant*.
Ecu parti. ℞. Châtel tournois. Cuivre. — Ens. 2 p.
21 *Jeanne de Navarre*. Ecu parti. ℞. Monogramme G R dans un
champ ponctué. Cuivre. B. Rare.
22 *Blanche de Navarre*. Ecu parti dans un sexilobe. ℞. ✠ PATER. NOS-
TER. QVI. ES. IN. Croix arquée. Cuivre. TB. Rare.
Voyez planche I.
23 *Navarre-Evreux*. ✠ AVE. MARIA. GRASIA. KR. Ecu parti dans un
quadrilobe. ℞. ✠ GARDE BIEN TONTE ROI. Croix dans un quadrilobe. Cuivre. B.
24 *Catherine de Médicis*. CATERINA. DEI. GRA. REGINA. FRAGIE. Ecu
parti couronné. ℞. ✠ ΑΜΗΧ. ΑΝΙΑΣ. ΕΥΕΛΠΙΣΙΙΑ. ΠΕΡΙ. Arc-
en-ciel sur les flots. Cuivre. TB.

25 Ecu de France. ℞. Trois croissants sous une couronne. — Autre.
℞. Croix fleurdelisée. — Ecu parti. ℞. SERVATQVE. FOVETQVE.
1582. Poule et serpent. Cuivre. — Ens. 3 p. TB.

26 *Marie Stuart*. ✠ A. DOMINO. FACTVM. EST. ISTVD. Grand M couronné
cerné de lauriers. ℞. MANET. VLTIMA. CŒLO. Trois couronnes
Cuivre. TB. Rare.

27 *Elisabeth d'Autriche*. YSABEL. etc. Ecu parti. ℞. REGNAT. DEVOTA.
DEO MENS. 1585. Oiseau éployé sous une couronne. Cuivre. TB.

28 Même droit. ℞. P. DROVLLIN. C. D. LA. ROYNE. E. C. G. D. SA MAISO.
Son écu. Cuivre. TB.

29 *Louise de Vaudémont*. LOISE. etc. Ecu parti. ℞. ✠ ASPICE. ET. ASPI-
CIAR. 1580. Soleil au dessus d'un cadran solaire. Cuivre. B.

30 *Marguerite de Valois*. MARGARETA. etc. Ecu parti. ℞. ✠ PIOS. IN.
ALTISSIMA. SVRGIT. IN. VSVS. 1575. Autel et palmier. — Variété
datée 1586. Cuivre. — Ens. 2 p.

31 *Marie de Médicis*. MARIA. etc. Ecu parti. ℞. SIC. NISI. TECVM. 1605.
Deux palmiers. Arg. TB.

32 MARIA. etc. Son buste couronné à g. ℞. ✠ SECVLI. FÆLICITAS. 1610.
Couronne traversée par trois branches symboliques. Arg. B.

33 *Henriette de Bourbon, reine d'Angleterre*. HENR. MAR. BORBON. D. G.
MAG. BRIT. FRAN. ET HIB. REG. Ecus juxtaposés. ℞. SVPEREMINET.
OMNES. 1628. Olivier dominant d'autres arbres. Arg. TB.

34 *Anne d'Autriche*. ANNA. etc. Ecu parti. ℞. VT MARTIS SPONSA POTITVR.
1636. Trophée cerné de palmes. Arg. TB.

35 *Marie-Thérèse*. MAR. THER. etc. Son buste à dr. ℞. HÆRET. COELO.
LVCET. SOLO. 1674. L'étoile du matin dans un trige. Arg. B.

36 *Anne-Marie-Christine, dauphine*. ANNA. etc. Son buste à dr.
℞. AVREA. DABIT. 1682. Oranger dans une caisse. Arg. TB.

37 *Marie Adélaïde, duchesse de Bourgogne*. MARIA. etc. Son buste
à g. ℞. NOVUS EX NEXU DECOR. MDCCXI. Bouquet de fleurs. Arg. TB.

38 Même lég. sa tête à g. ℞. QUID NON PRO MUNERE TANTO. 1708. Aigle
sur un autel. Cuivre. TB.

39 *Marie Leczinska*. MARIA. etc. Son buste à dr. ℞. LÆTIOR AFFULGET
POPULIS. 1726. Le Soleil et l'étoile du matin. Arg. TB.

40 MARIA. etc. Son buste à g. ℞. PROLES. GEMINAVIT. ODOREM. A l'exergue:
MAISON DE LA REINE. 1731. Plant de lis. Arg. TB.

41 Même droit. ℞. COMES FIDISSIMA SOLIS. Même exergue. 1739. Le
Soleil montant à l'horizon et l'étoile du matin. Arg. TB.

42 Même droit. ℞. SPES. IAM. CERTA. FUTURI. Même exergue. 1745.
Palmier avec un rejeton. Arg. TB.

43 *Marie-Joséphe, dauphine.* MARIA JOSEPHA DELPHINA. Sa tête à g.
℞. MAGNI SPES UNICA RURIS. A l'exergue : MAISON DE MADAME LA
DAUPHINE. 1749. Arbre. Arg. TB.

44 *Marie-Antoinette.* MARIE. ANT. JO. J. REINE DE FR. ET DE NAV. Son
buste à dr. ℞. MAISON DE LA REINE. Cartouche couronné aux
écus accolés de France et d'Autriche. Cuivre. TB.

Voyez planche I.

45 *Catherine de Médicis.* Larmes tombant sur de la chaux. *Marie de
Médicis.* 1628. Soleil. *Anne d'Autriche.* 1635. Chiffre couronné. — 1642. Deux cigognes. — 1648. Pélican. — Buste de
la reine. ℞. Buste du roi. *Louis XIV et Marie-Thérèse.* Bustes
affrontés. ℞. 1660. Pluie. Cuivre. — Ens. 7 p. B. et TB.

ADMINISTRATIONS

46 *Conseil du roi.* NIL NISI CONSILIO. Ecu dans le double collier.
℞. THEMIS CVM PACE RESVRGIT. 1600. La Paix relevant la Justice.
Arg. TB.

47 1611. Etoile et soleil couchant. — 1619. Lion couché. — 1577.
Troupe de cavalerie. Jetons de 2 cuivres. — Ens. 3 p. TB.
Rares.

48 NIL. etc. Ecu dans 2 colliers. ℞. NOSTRIS. PARS. REDDITA. TERRIS.
1645. Victoire planant au dessus du fort de Gravelines. Arg. TB.

49 Pièces diverses : 1596, 1598, 1606, 1610. 1623, 1638, 1643, 1657,
1658 et sans date. Cuivre. — Ens. 14 p. TB.

50 *Secrétaires du roi.* 1731. Essaim s'élevant vers le soleil. Arg. TB.

51 — Variété. Une branche de laurier sur la cuirasse du roi.
Arg. TB.

52 *Conseillers du roi. Agents de Change.* Tête de Louis XIV. ℞. ET
SERVAT ET AUGET. 1711. La Prudence debout à dr. devant un
coffre-fort. Arg. TB.

53 *Conseillers du roi et Notaires.* Buste de Louis XVI à g. signé
P. DROZ F. ℞. LEX EST QUODCUMQUE NOTAMVS. Gnomon. Arg. B.

54 *Avocats aux Conseils.* 1660. Ecu tenu par deux anges. ℞. Main de
justice entre 4 tiges de lis. — 1673. Miroir réfléchissant les
rayons solaires. ℞. La Justice debout. Cuivre. — Ens. 2 p. TB.

55 Buste de Louis XV à dr. ℞. SOLIS FAS CERNERE SOLEM. Quatre aiglons regardant le Soleil. Arg. TB.

56 *Chancellerie*. 1612. Main tenant un coffre. — 1614. Main réglant une balance. — 1621. Animaux du Paradis terrestre. — 1630. Le roi à cheval. — 1647. Coffre. Cuivre. — Ens. 5 p. TB.

57 *Trésor royal*. Tête de Louis XIV. ℞. ARTE ATQVE METALLO. 1712. Cyclope forgeant un bouclier. Arg. TB.

58 — Sans date. Arbre fruitier. — 1702. Hippomène courant à dr. — 1707. Champ de blé. — 1709. Fleuve assis. — Les trésoriers de France. 1578. Balance. Cuivre. — Ens. 5 p. TB.

59 Buste de Louis XV à dr. ℞. REFERET IN MELIVS LABOR. 1721. Un semeur. Arg. TB.

60 — COPIA NON DEERIT. 1722. Corne d'abondance. Arg. TB.

61 — DABIT ESSE FERACEM. 1727. Paysan taillant une vigne. Arg. TB.

62 — ORDINE CUIQVE. 1730. Le Soleil au dessus du zodiaque. Arg. TB.

63 — EXHAUSTIS GENEROSA METALLIS. 1732. Une mine et des mineurs. Arg. TB.

64 — NON SPOLIANT HYEMES. 1735. Oranger dans une caisse. Arg. TB.

65 — PRINCIPIS ÆRARIUM ÆRARIUM POPULI. 1737. Ruche et essaim. Arg. TB.

66 — DECET ESSE PERENNEM. 1738. Fleuve assis à dr. Arg. TB.

67 — IMMERSABILIS UNDIS. 1742. L'arche de Noé. Arg. TB.

68 — TANTA NEGOTIA SOLUS. 1743. Atlas soutenant le globe. Arg. TB.

69 — NON SIBI SED ORBI. 1751. Le Soleil au dessus d'une section du globe. Arg. TB.

70 Tête de Louis XVI à dr. ℞. TRESOR ROYAL dans une couronne de laurier. Octog. Arg. TB.

71 Variété. La tête ceinte d'un bandeau, le cou légèrement drapé. Oct. Arg. TB.

72 LUDVOV. XVI FR. ET NAVAR. REX. Buste habillé à dr. avec le cordon. ℞. Le même. Oct. Arg. TB.

73 Variété avec LUDOVIC. XVI. REX. CHRISTIANISSIM. Oct. Arg. TB.

74 Autre avec LUDOV. XVI. REX. CHRISTIANISS. Oct. Arg. TB.

75 Même pièce d'un autre coin ; le buste plus petit. Oct. Arg. TB.

76 — 1730. Le Zodiaque. — 1738. Fleuve. — 1739. Arbres. — 1740. Mars et une femme. — 1741. Triptolème. — 1742. L'arche. — 1745. Fleuve. — 1750. Noria. — 1752. Fontaine. Cuivre. — Ens. 9 p. TB.

77 *Chambre aux deniers.* 1601. Un réflecteur. — 1604. Le roi à table.
— 1618. Adorateur du soleil. — 1625. Pallas debout. — 1647.
Cornes d'abondance. — 1700. Arrosoir. — 1709. Lyre. — 1711.
Plantes. — 1737. Pontife juif. — 1743. Source et rochers. —
1745. Feu de joie. — 1746. Hébé et Jupiter. — 1748. Terme
dans un jardin. — 1755. Table dans un salon. Cuivre. — Ens.
14 p. TB.

78 *Parties casuelles.* Buste habillé de Louis XV. ℞. FERT IACTA QVIE-
TEM. 1720. Ancre à 4 branches. Arg. TB.

79 Buste varié. ℞. CVRÆ CASVSQVE LEVAMEN. 1721. Forteresse avec
fanal au bord de la mer. Arg. TB.

80 — SIC MANET IMMORTALE GENVS. 1724. Glands tombant d'un chêne.
Arg. TB.

81 — EST LVCRO QVODCVMQVE PERIT. 1729. Machine à polir le diamant.
Arg. TB.

82 — PARVO THVRE LITATVR. 1735. Autel devant le temple de la Fortune. Arg. B.

83 — 1633. Coffre-fort. — 1636. Massue frappant l'hydre. — 1656. Lion
fuyant devant un coq. — 1714. Vaisseau. — 1742. Mercure
endormant Argus. — 1743. Réservoir. — 1758. Oiseau cons-
truisant son nid. Cuivre. — Ens. 7 p. TB.

84 *Écuries du roi.* LVD. XV, etc. Buste habillé à dr. ℞. BELLI PACISQVE
DECVS. Cheval galopant à dr. Arg. TB.

85 Buste cuirassé. ℞. Le précédent. Arg. TB.

86 Autre. Tête au bandeau à dr. Arg. TB.

87 Autre. Tête laurée, le cou entouré d'une draperie. Arg. TB.

88 *Bâtiments royaux.* 1668. Pallas debout. — S. d. Aigle sur son
aire. — 1682. Le Soleil entouré du zodiaque. — 1683. Même
type. — S. d. Jet d'eau. — 1695. Palais et ruche. — 1738.
Apollon assis. — 1740. Pallas assise. — 1758. Emblèmes d'ar-
chitecture. Cuivre. — Ens. 9 p. TB.

89 *Les 24 violons de la Chambre.* LVD. XV. Tête laurée à dr.
℞. NVMERVM SACRAVIT APOLLO. Au bas: LES XXIV VIOLONS DE LA
CHAMBRE. 1751. Apollon cytharède assis sur des instruments de
musique. Arg. TB. Rare. *Voyez planche I.*

90 *Ordre du Saint-Esprit.* Écu de France et de Navarre dans le
double collier. ℞. ANIMIS. ILLABERE. NOSTRIS. 1649. Colombe
parmi des langues de feu. Arg. TB.

91 Tête laurée de Louis XIV à dr. ℞. PACIS. AMOR. BELLIQVE. DECVS.
1701. Le Saint-Esprit au milieu de flammes. Arg. TB.

92 Variété, la tête nue. ℞. Le précédent, daté 1714. Arg. TB.

93 Buste lauré et cuirassé de Louis XV à dr. ℞. VIRTVS OMNIS AB ILLO. 1728. Même type. Arg. TB.

94 *Ordre de St Louis*. Même buste de Louis XV. ℞. FIRMATVR CONSILIO VIRTVS. Saint Louis armé debout. Arg. TB.

95 *Chambre de justice*. Les 2 écus dans le double collier. ℞. INIVRIA. FATI. HOC. FAS. ESSE. IVBET. 1645. Aigle déchirant une proie. Arg. TB.   *Voyez planche I.*

96 *Syndics Généraux*. Buste habillé de Louis XV. ℞. PRIVILEGIÉ DV ROY SVIVANT LA COVR. Au bas : SINDIC. GÉNÉRAUX. 1737. Massue entre 2 épées. Arg. TB.

97 *Procureurs des Comptes*. Tête de Louis XIV. ℞. PROCVRANT. SOLITA. RATIONE. QVIETEM. 1708. Deux alcyons sur les flots. Arg. TB.

98 *Ordinaire des guerres*. Buste habillé de Louis XV. ℞. FELICI. IN. SEDE. QVIESCIT. 1739. Mars assis à g. sous un palmier. Arg. TB.

99 — 1663. Pluie d'or sur Dunkerque. — 1691. La massue d'Hercule. — S. d. Pallas debout. — 1707. Palmier. — 1724. L'égide. — 1753. Castor et Pollux. Cuivre. — Ens. 6 p. TB.

100 *Extraordinaire des guerres*. Buste lauré de Louis XV. ℞. ARMATVS PACIS AMORE. 1719. Hercule au repos, debout. Arg. TB.

101 Tête laurée. ℞. PACEM NON BELLA CIENT. 1730. Deux trompettes sur une timbale. Arg. TB.

102 Buste cuirassé à dr., la chevelure tressée. ℞. VEL IVRE VEL ARMIS. 1735. La Justice debout. Arg. TB.

103 Buste lauré et cuirassé. ℞. AD VTRVMQVE PARATA. 1761. Pallas debout, tenant une couronne et un rameau. Arg. TB.

104 Buste habillé avec le cordon. ℞. DVLCIA VINCLA. 1769 La Paix enchaînant Mars. Arg. TB.

105 Tête laurée à dr. ℞. PATRIAS EXERCET AD ARTES. 1771. Aigle apprenant à voler à 2 aiglons. Arg. TB.

105 *bis* — S. d. Hercule au repos. — 1709. Vulcain forgeant. — 1749. Mars devant le temple de Janus. — 1753. Palmier entre la Paix et un guerrier. — *Longuet*. Trésorier. Ecu de France. ℞. 1658. Aigle. Cuivre. — Ens. 5 p. TB.

106 *Artillerie et Génie*. Buste cuirassé de Louis XV. ℞. ET PLACIDO NVTVENDA JOVE. Bellone assise près de canons. Arg. TB.

107 1758. Pallas debout. *Artillerie*. 1736. La Renommée. *Marine*. 1716. Pallas assise à g. — Buste du comte de Toulouse. ℞. 1721. Ruche. — Buste du comte de Penthièvre. ℞. Aigle dans la tempête. *Galères*. Galères sortant d'un port. — 1723. Sirènes naufrageant une galère. Cuivre. — Ens. 7 p. TB.

108 *Colonies de l'Amérique*. LUD. XV. etc. Tête au bandeau. ℞. SEDEM NON ANIMUM MUTUANT. Au bas : COL. FRANC. DE L'AM. 1756. Un essaim traversant une rivière pour changer de ruche. Arg TB. Très rare. *Voyez planche I.*

109 *Académie des Inscriptions et Belles-Lettres*. Tête de Louis XVI à dr. ℞. VERAT MORI. Femme à g. entre un autel et un obélisque. Arg. TB.

110 Buste habillé de Louis XVI. ℞. Même lég. Femme debout de face entre l'autel et l'obélisque. Arg. TB.

111 *Académie des Sciences*. Tête de Louis XVI à dr. ℞. INVENIT ET PERFICIT. Minerve assise à dr., entourée d'attributs. Arg. TB.

112 *Académie de Saint-Luc*. Tête laurée de Louis XV. ℞. HÆC ANTIQUA MINERVA. 1758. Minerve assise, tenant l'écu des peintres. Arg. TB.

113 Variété. Le haut d'une armure entourant le cou du roi. Arg. TB.

114 *Syndics des tontines*. Buste lauré et cuirassé de Louis XV, signé D. V. ℞. VIGILANS ET CUSTOS. Une grue (Gauvin 423) Arg. TB.

115 *Compagnie d'Assurances générales*. LUD. XV. etc. Buste lauré, signé C. N. R. FILIUS. ℞. VENTOS FRENAT ET IGNES. 1754. Pluie tombant sur des édifices incendiés et sur un navire (Gauvin 296). Arg. TB.

116 — Variété de coin. La draperie du buste plus légère et les boucles de la chevelure disposées autrement. Arg. TB. *Voyez planche I.*

PERSONNAGES

117 *Charles II d'Alençon et Jeanne de Joigny*. (vers 1314). Écu aux 3 lis, à la bordure chargée de 6 besants. ℞. Écu renfermant un aigle éployé. Cuivre. B.

118 *Geoffroy de Pompadour*, évêque d'Angoulême, Périgueux, Le Puy (+ 1514). G. DE POMPADOUR. Ses armes posées sur une crosse. ℞. SACT. IONES BASTITAS. St Jean debout. Méreau. Cuivre. B. Très rare. *Voyez planche I.*

119 *Jacques de Louviers.* ✠ IAQVES DE LOVVIERS. Ecu à ses armies. ℞. ✠ SOY TAIRE OV BIEN DIRE. Croix cantonnée de 4 quintefeuilles. Cuivre. B. Rare.

120 *Marie, comtesse de Saint-Pol.* MARIA. DE. LVCEMBVRGO. COMITISSA. Ecu parti en losange. ℞. VINDOCINENSIS. ET. SANCT. POL. Croix fleuronnée, cantonnée de lis. Cuivre.

121 *Charles IV de Bourbon, duc de Vendôme.* ✠ DE : MONSEIGNEVR : LE : DVC : DE : VENDOSME. Ecu couronné entre 2 monog. ℞. ✠ POVR : LA : CHAMBRE : DES : COMPTES. Croix fleuronnée cantonnée de 4 monogr. Cuivre. TB. Rare.

Voyez planche I.

122 *Gui Dimenche dit Lombard.* Son écu. ℞. Croix. *Léonor de Longueville.* Ecu. ℞. Bélier dans un enclos. *Indéterminé.* Ecu échancré avec 3 têtes de chiens. 1525. Cuivre. — Ens. 3 p.

123 *J. Phelypeaux.* I. PHELYPEAVX. SIEVR. DE. VILLESAVIN. Ecu à ses armes. ℞. TRANQVILLITATE. FIT. SPECVLVM. 1632. Bassin. Cuivre. Très beau.

124 *Le Cardinal de Richelieu.* Son buste à dr. ℞. VEL IGNE VEL VNDIS. 1640. Navire. Arg. TB.

125 *Louis de Boubon, duc de Vendôme et Laure Mancini.* PISCIBVS AMOR. Ecus accolés. ℞. NOS CREAS ET RECREAS. LILIA IVNXIT Deux saumons sur la mer. Cuivre. TB.

126 *P. de Baissière de Ste Saigue.* Son écu. ℞. ✠ FIXA. DEO. VN. TRIN. VITA. VOLVNTAS. NORM. & OEMEV. SPES. Triangle sur une croix chargée du nom de Jésus et de B-R. Cuivre. TB.

127 *De Caumont La Force et Anne Beuzelin.* Ecus accolés sur un manteau. ℞. Monogr. sur un cartouche dans un manteau. Oct. Cuivre. TB.

128 *Michel Chamillart et M. Thérèse Le Rebours.* Leurs écus accolés. ℞. Monogr. sur un cartouche. Cuivre. TB.

129 *René de Froullay, comte de Tessé.* Ecu sur un manteau. ℞. DVRAT. CVM. SANGVINE. VIRTVS. AVORVM. 1708. Pélican. Cuivre. Très beau.

130 *Nicolas des Marets.* Son écu entre 2 levrettes. ℞. Lég. en 6 lignes. 1708. Cuivre. TB.

131 *Le président Lepelletier et Thérèse Hennequin.* Cartouche aux 2 écus accolés. ℞. Monogr. couronné. Oct. Cuivre. TB.

132 *Nicolas de Bauquemare et Voisin de St Paul.* Ecus accolés, entourés d'une cordelière. ℞. Monogr. couronné. Cuivre. TB.

133 *Le comte de Toulouse*. Buste à dr. ℞. RECREAT SPES LÆTA SERENI. Au bas : MARINE. 1713. Deux tritons sur les flots. Arg. TB.

134 *Le duc de Valentinois*. Ecu de Monaco entre 2 moines. ℞. En 6 lignes : JETTON DE M. LE DUC DE VALENTINOIS PAIR DE FRANCE. 1713. Oct. Cuivre. TB.

135 *Le Maréchal de Tessé*. Ses armes. ℞. PLACIDO. NUNC. ÆQUORE LUDUNT. Au bas : GALÈRES. 1716. Trois néréides et un dauphin. Cuivre. TB.

136 *Philippe d'Orléans et Françoise-Marie de Bourbon*. Armes accolées sur en cartouche. ℞. Monogr. sous une couronne ducale. Cuivre. TB.

137 *Phelypeaux*. Son écu couronné dans le double collier ℞. ALMÆ SIGNA QUIETIS. Au bas : OFFICIERS DU GUET. 1733. Les Dioscures galopant à dr. Arg. TB. Très rare.   *Voyez planche I.*

138 *Chauvelin, procureur de la Cour*. Son écu sur un cartouche. ℞. ROS ARAM JUSTITIÆ PARAMUS. La Justice assise à g. Cuivre. TB. Rare.

139 *Cardevacque, marquis d'Havrincourt*. Son écu couronné, tenu par 2 licornes. ℞. Monogr. couronné. Cuivre. TB.

140 *Louis-Charles de Bourbon*. Buste à dr. ℞. LUDENS VERBERAT AURAS. Au bas : ARTILLERIE. 1750. Bélier bondissant à g. Arg. TB.

141 *Potier, duc de Gesvres*. Son écu couronné sur un manteau. ℞. Monogr. couronné sur un manteau. Cuivre jaune. TB.
        Voyez planche I.

142 *Truzi et Peyronnenq*. Ecu de Truzi tenu par deux aigles ℞. Ecu de Peyronnenq tenu par deux lions. Oct. Cuivre. TB.

143 *Charles-Robert Boutin, intendant*. Son écu couronné sur un cartouche. ℞. CH. ROBERT BOUTIN CONSEIL D'ÉTAT INTENDANT DES FINANCES. 1766 dans une guirlande. Oct. Arg. TB. Rare.
        Voyez planche II.

144 *Monsieur, frère du roi*. Ecu ovale sur la croix de Malte, entouré d'un manteau. ℞. En 9 lignes : LOU: STA. XA. etc. 1773. Oct. Arg. TB.

145 *Indéterminé*. Ecu à la bande, timbré d'une couronne comtale et cerné de palmes. ℞. Deux L cursifs sous la couronne royale. Cuivre TB.

VILLE DE PARIS

146 Jetons à la nef. 2 p. variées. — Navire sous un chef fleurdelisé. ℞. Croix. — Tête de Louis XIV. ℞. Vaisseau. 1694 et s. d. 2 p. — Statue. ℞. Vue de la ville. — Variété. Tête de Louis XV à g. Cuivre. — Ens. 7 p. TB.

147 LUD. XVI. etc. Tête à dr. ℞. LA VILLE DE PARIS. Vue prise en aval du Pont-Neuf. Arg. TB.

148 **Prévôts des Marchands.** *Myron.* 1616. Bustes accolés de Louis XIII et d'Anne d'Autriche. ℞. Navire. Cuivre TB.

149 *Jérôme Bignon.* Son écu sur un cartouche. ℞. ARDET AB UNO. 1709. Miroir reflétant le soleil. Arg. TB.

150 *Charles Trudaine* (2ᵉ prévôté). Cartouche à ses armes. ℞. LA VILLE DE PARIS. 1718. Ecu de Paris sur un cartouche. Arg. TB.

151 *Castagnère de Châteauneuf.* Ses armes. 1721. Arg. TB.

152 *Turgot de Sousmons* (5ᵉ prévôté). 1739. Arg. TB.

153 *L. Basile de Bernage* (4ᵉ prévôté). 1750. — (6ᵉ prévôté. 1754. Arg. — Ens. 2 p. TB.

154 *A. J. Bignon.* 1766 (2ᵉ prévôté). 1767. — (4ᵉ prévôté). 1771. Arg. — Ens. 3 p. TB.

155 *De la Michodière* (2ᵉ prévôté). 1775. Arg. TB.

156 *Le Fèvre de Caumartin* (2ᵉ prévôté). 1780. Arg. TB.

157 *L. Lepeletier.* 1784. Son écu tenu par deux licornes. ℞. Armes de Paris. Oct. Arg. TB.

158 — (3ᵉ prévôté). 1788. Son écu sur un cartouche. ℞. Le précédent. Oct. Arg. TB.

159 **Eglises et Clergé.** *Chapelle de la Reine.* + CAPELLA : REGALIS. Couronne royale. ℞. + REGINE. FRANCIE. Croix cantonnée aux 1 et 4 d'une fleurette, aux 2 et 3 de 3 fleurs de lis. Cuivre. TB. légèrement ébréché. Très rare.

160 *Fabrique de S. Barthélemy.* Tête de Louis XVI, ℞. FABRIQUE DE Sᵗ BARTHÉLEMY. La Religion debout de face. Arg. TB.

161 *Marguilliers de Sᵗ Gervais.* Buste lauré de Louis XV à dr. ℞. AMBO NOS VITA. MARTHIRIO ET LAUREA DOCENT. 1715. Sᵗ Gervais et Sᵗ Protais allant à g. Arg. TB.

162 *Ste Madeleine de la Cité*. Buste de Louis XIV. ℞. FAC IN MEI MEMORIAM. La Cène. A l'exergue, 1710 et l'écu de Machault. Arg. TB.

163 *Ste Madeleine-Ville-l'Évêque*. Buste habillé de Louis XVI. ℞. SUI DAT PIGNUS AMORIS. 1750. Madeleine agenouillée devant le Christ. Arg. TB.

164 *Marguilliers de St Merry*. Buste lauré de Louis XV. ℞. MAR-GUILLIERS DE SAINT MERRY. 1754. Emblèmes pontificaux sur des palmes Arg. TB.

165 *Fabrique de St Roch*. Tête de Louis XV au bandeau. ℞. PER MANUM EIUS SALUS DATA. 1744. St Roch à dr., précédé de son chien. Arg. TB.

166 *Commissaires des pauvres de St Sulpice*. DISPERSIT DEDIT PAUPE-RIBUS. Une distribution de pain; au bas : HOR. PUB. ℞. Lég. en 7 lignes. 1713. Arg. TB.

167 *Écoles de Charité*. PRÆCENTORI ECCLESIÆ PARISIENSIS. 1735. La Vierge assise, tenant l'Enfant Jésus. ℞. PETIT ARDUA NISU, Au bas : ECOLES DE PARIS. 1752. Apollon instruisant un enfant. Arg. TB.

168 *Assemblées du Clergé*. CONGRESSVS. GEN. CLERI. GALL. Concile d'évêques. ℞. CŒLESTI. MVNERE. CRESCVNT. 1675. Trois lis sous la pluie. Arg. TB.

169 LEVAT ONUS PIETAS. Lévites portant l'arche. ℞. Dans une couronne : CONVENTUS CLERI GALLICANI MDCCXV. Arg. TB.

170 IMMUNITATES ASSERTÆ. La Religion et le roi. ℞. LENIS ALIT FLAMMAS. Autel. Au bas : CONVENT. etc. 1726. Arg. TB.

171 VOTIS PACEM DONIS TRIUMPHOS. La Religion à g. devant un autel. ℞. CONVENTUS CLERI GALLICANI MDCCXXXV dans une couronne. Arg. TB.

172 Deux anges soutenant l'écu carré et couronné de d'Albret. Au bas, 1735. ℞. VOTIS. etc. Même type de la Religion. Arg. TB. Très rare. *Voyez planche II*.

173 Écu au lion timbré d'une couronne ducale, d'une croix à double traverse et d'un chapeau de cardinal avec cordelière à 15 glands. ℞. NUMQUAM FOEDERIS IMMEMOR. La Religion montrant un arc-en-ciel. Cuivre. TB. Rare.

174 LAURUM IRRIGAT ET CRESCAT OLIVA. 1742. Olivier. CONVENTUS CLERI GALLICANI EXTRA. etc. MDCCXLII. dans une couronne. Arg. TB.

175 Écu ovale sur un cartouche timbré d'une couronne ducale e
tenu par deux lions. ℞. CONVENTUS CLERI GALLIANI HABITUS LUT.
PARISIOR. MDCCLV. en 6 lignes; au bas, une guirlande. Arg. TB.
Très rare. *Voyez planche II.*

176 Tête laurée de Louis XV. ℞. Lég. avec MDCCLVIII en 6 lignes.
Arg. TB.

177 Buste lauré. ℞. Lég. avec MDCCLXII en 6 lignes. Arg. TB.

178 Buste lauré, la poitrine nue. ℞. Lég. avec MDCCLXV en 6 lignes
sous une croix. Arg. TB.

179 Tête laurée à dr. ℞. Lég. datée MDCCLXX en 5 lignes, entre une
croix et une guirlande. Oct. Arg. TB.

180 Même tête. ℞. Lég. datée MDCCLXXII en 6 lignes; au bas, une
guirlande. Oct. Arg. TB.

181 Tête de Louis XVI. ℞. Lég. datée MDCCLXXV. en 5 lignes, entre
une croix et une guirlande. Oct. Arg. TB.

182 La Religion et le roi. ℞. 1723. Une source. — Tête de Louis XV.
℞. CONVENTUS. etc. MDCCLV. Cuivre. — Ens. 2 p. TB.

183 *Pour les aumônes des couvents pauvres.* Buste lauré et cuirassé de
Louis XV. ℞. CONSOCIARE AMAT. Au bas : SUBLEVANDAE. COENO-
BIO UM. INOPIAE. La Foi et la Justice devant un autel. Arg. TB.

184 — Variété, avec la tête au bandeau. Arg. TB.

185 *L'archevêque Fr. de Harlay.* Son buste à dr. ℞. ARCHIEPISCOPVS
PARISIENSIS ET SORBONÆ PROVISOR. Ses armes sur le manteau.
Cuivre. TB.

186 **Corporations et professions.** *Bonnetiers.* Tête de Louis XV à dr.
℞. QUANTOS DVO FLECTIT IN USCS. 1746. Cartouche à leurs armes.
Arg. TB.

187 *Bourreliers.* Tête laurée de Louis XV. ℞. VENI CORONABERIS. Au
bas : COMMUNAUTÉ DES MAIT. BOURRELIERS. 1403. L'Assomption de
la Vierge. Arg. TB.

188 *Cordonniers.* Tête de Louis XVI. ℞. SALUS INFIRMORUM. Au bas :
COMMUNAUTÉ DES Mᴿ CORDONNIER A PARIS. La Vierge au-dessus de
2 ouvriers. Cuivre. TB.

189 *Corroyeurs.* Buste lauré de Louis XV. ℞. Mˣ CORROYEURS POR-
TEURS DE LA CHASSE DE Sᵀ MERRY. 1755. Quatre hommes portant
la châsse. Arg. TB.

190 *Distillateurs.* Même buste. ℞. TOTUM IN SPIRITU IN CORPORE NIHIL.
Au bas : COMMUNAUTÉ DES DISTILLATEURS Mᴰˢ D'EAU DE VIE. Sᵗ Louis
à genoux près d'un alambic. Arg. TB.

191 *Experts et greffiers des bâtiments.* RECTI. IRREQVIETA. CVPIDO. Palais en construction ℞. Femme assise à g. traçant des plans. Arg. TB.

192 *Fondeurs.* Tête de Louis XVI. ℞. EXEMPLAR. PERSEVERENTIÆ. Au bas : COMMUNAUT. DES. FONDEURS. 1763. St Étienne à genoux devant le cerf et St Éloi debout. Arg. TB. Rare.

Voyez planche II.

193 *Maîtres-maçons.* Tête de Louis XVI. ℞. ARTE SOLIDITAS. Au bas : ART DE LA MAÇONNERIE. Temple bâti près d'un pont. Arg. TB.

194 *Merciers.* AVSPICE NON ALIO. St Louis debout. ℞. TE, TOTO. ORBE. SEQVEMVR. Au bas : LES MARCHANDS. MERCIERS. 1704. Trois vaisseaux. Arg. TB.

195 *Menuisiers et ébénistes.* SIC FINGIT TABERNACULUM DEO 1748. Ste Anne enseignant la Vierge. ℞. COMMUNAUTÉ DES MAISTRES MENUISIERS ET ÉBÉNISTES. Arg. TB.

196 *Marchandes de modes et plumassières.* 1777. Ecu de France entouré d'emblèmes. ℞. COMMUNAUTÉ DES Mᴅᴇˢ DE MODES PLUMASSIERES ET FLEURISTES. Au bas : CRÉÉE EN 1776. Trois amours essayant des modes. Arg. TB. *Voyez planche II.*

197 *Officiers jurés crieurs.* LUD. XVI. Tête à dr. ℞. Ecu à leurs armes dans une couronne. Arg. TB. Extrêmement rare.

Voyez planche II.

198 *Officiers passeurs d'eau.* Même tête. ℞. Ecu ovale sur un cartouche. Arg. TB. Rare.

199 *Pêcheurs au filet.* + LVDOVICVS. REX. Croix. ℞. PARISIVS. CIVIE. Châtel tournois. Cuivre. TB.

200 *Teinturiers.* LUD. XV. etc. Tête à dr. ℞. DE. TE. LUX. DE. LUCE. COLORES. Soleil au-dessus de plantes tinctoriales. Arg. TB.

201 **Médecine.** *Mauvillain, doyen.* IOAN. ARM. DE. MAVVILLAIN DOYEN. 1668. Tête à dr. ℞. VERO. LUMINE. COECAT. Ulysse aveuglant Polyphème. Cuivre. TB.

202 *Le Vacher, doyen.* THOM. LEVACHER DE LA FEUTRIE EBROIC. S. FAC. P. DEC. Buste à dr. ℞. 1779-1780. Son écu tenu par 2 cigognes. Arg. TB. Rare. *Voyez planche II.*

203 — La même pièce. Cuivre. TB.

204 *Pourfour du Petit, doyen.* ST. POURFOUR DU PETIT PARIS. FAC. MED. PAR. DEC. Buste à dr. ℞. PRO REGE REGNO ET UNIVERSIT. PARIS. Hygiée sacrifiant à g. sur un autel. Au bas : PRECES FUND. 1782. Arg. TB. Rare. *Voyez planche II.*

205 *Sallin, doyen*. J. CAR. HEN. SALLIN. GRAVACUS. FAC. MED. P. DEC. Buste à dr. ℞. Son écu couronné. Au bas : 1784-1785. Arg. TB.
Voyez planche II.

206 **Services publics, Justice. etc.** *Eclairage.* LUD. XV. etc. Buste lauré. ℞. LATE. CUNCTA. PROFVNDIT. Le char de l'Aurore. Arg. TB.

207 *Comices agricoles.* LOUIS XVI. etc. Buste à g. ℞. COMICES AGRICOLES DE LA GÉNÉRALITÉ DE PARIS. 1785. Cérès debout. Arg. TB.

208 *Société royale d'agriculture.* EX UTILITATE DECUS. Charrue. ℞. COMPAGNIE DE LA GUYANNE FRANÇAISE. Nègre sur une plantation. Oct. Arg. TB.

209 *Procureurs du Châtelet.* Vue du Châtelet. ℞. HÆC. PARAT. ILLE. REGIT. 1664. Sceptre et main de justice en sautoir. Cuivre. TB.

210 LUDOV. XVI. etc. Buste drapé à g. Signé J. P. DROZ. F. ℞. UMBRAS. PRIMA. RESOLVIT. Au bas : PROCUREURS AU CHATELET. 1766. Le char de l'Aurore. Arg. TB.

211 Variété avec la tête du roi à dr. Signée DU VIV. Arg. TB.

212 Autre variété. Buste à dr. Signé GATT. Arg. TB.

213 *Police du Châtelet.* Les 2 écus. ℞. VIRES. ACQVIRIT, EVNDO. 1604. La Renommée. Cuivre. TB.

214 *Chenon, doyen au Châtelet.* 1789. Ses armes. ℞. HIS OCVLIS LUSTRATA REFULGET. 1749. Vue du Châtelet et de la Cité. Arg. TB.

215 *Voyer d'Argenson, Lieut. gén. de police.* Ses armes tenues par deux anges. ℞. VIGILAT. UT QUIESCANT. 1713. Une grue et ses petits. Cuivre. TB.

216 *De Machaut.* 1719. Ses armes tenues par deux aigles. ℞. Le précédent. Cuivre. TB.

217 *D'Argouges.* Son écu tenu par 2 lions. ℞. UMBRAS PRIMA RESOLVIT. Au bas : LA COMᵀᴱ DES PROCVREVRS AV CHASTELET. 1738. Le char de l'Aurore. Cuivre. TB.

218 *Préfecture de police.* Monogr. PDP dans une couronne. ℞. IUSTUM RECTUMQUE TUETUR. La Justice assise à g. (Trésor Num. 88. 1.) Arg. TB.

219 *Préfecture de la Seine.* An XIII. Ruche. ℞. Aigle sur un gouvernail (TN. 8. 8). Arg. TB.

220 *Chambre des huissiers.* An X. Œil et couronne. ℞. La Justice debout (TN. 87. 12). Oct. Arg. TB.

221 *Défenseurs avoués.* Couronne. ℞. VIR PROBUS LEGUM PERITUS. Couronne renfermant un livre avec LOIX (TN. 81. 1). Oct. Arg. TB.

222 *Avoués.* MONET NE ARGUAT. La Loi assise de face; au bas: 1801. ℞. CHBRE DES AVOUÉS DU TRIBAL DE 1RE INSTCE. — ARRÊTÉ DES CONSULS DU 13 FRIM. AN. 9. en 6 lignes (TN. 88. 3). Oct. Arg. TB.

223 Autre avec CHAMBRE DES AVOUÉS DU TRIBUNAL DE PREMIERE INSTANCE — ARRÊTÉ DES CONSULS DU 13 FRIMAIRE AN 9. en 8 lignes (TN. 88. 4). Oct. Arg. TB.

224 MONET. etc. La Loi assise à g.; au bas: 1802. ℞. Le précédent (TN. 93. 2). Oct. Arg. TB.

225 Variété: un soleil au-dessus de l'inscription du revers (TN. 93. 3). Oct. Arg. TB.

226 Femme assise à g.; au bas: AVOUÉS. etc. ℞. Lampe et code sur une table supportée par 2 aigles. (TN. 15. 12). Oct. Arg. TB.

227 *Avocats.* VIR PROBUS LEGUM PERITUS. Code dans une couronne. ℞. COUR DE CASSATION. CONSEIL DES PRISES. Dans une couronne: AVOCATS. (TN. 11. 9). Oct. Arg. TB.

228 *Commissaires-priseurs.* Tête laurée de Napoléon I à dr. ℞. ELECTIS FIDITE. La Justice assise à g. Au bas: COMMISSAIRES PRISEURS A PARIS. (TN. 22. 12). Oct. Arg. TB.

229 *Notaires.* Même tête. ℞. LEX EST QVODCUMQUE NOTAMUS. Gnomon. Au bas: NOTAIRES DU DEPART. DE LA SEINE. Oct. Arg. TB.

230 *Théâtre de la République et des Arts.* PARIS AN VII. La Liberté debout de face. ℞. TEL EST SON POUVOIR. Amphion jouant de la lyre (TN. 71. 9). Arg. TB.

231 *Lycée des Arts.* 1792. Apollon debout de face. ℞. AUX ARTS dans une couronne. (TN. 39. 12). Arg. TB.

232 *Société philotechnique.* Tête d'Apollon à g. ℞. SOCIÉTÉ PHILOTECHNIQUE. FONDÉE EN L'AN 3. 1795. Abeille. (TN. 67. 3). Arg. TB.

233 *Université impériale.* Tête laurée de Napoléon I à dr. ℞. UNIVERSITÉ IMPÉRIALE. Aigle enlevant une palme (TN. 25. 2). Arg. B.

234 *Messageries impériales.* RUE NOTRE DAME DES VICTOIRES dans une couronne. ℞. FIDUS ET VELOX. Mercure sur un char ailé (TN. 37. 8). Oct. Arg. TB.

235 *Caisse patriotique.* ETABLIE A PARIS EN 1791. En 5 lignes. ℞. Mercure donnant la main à la Liberté (TN. 33. 5). Oct. Arg. TB.

236 *Caisse d'escompte du commerce.* Femme à g. devant un coq. Au bas: VIGILANCE. ℞. En 6 lignes: ASSOCIATION DU IV FRIMAIRE AN VI POUR LA PROSPÉRITÉ DU COMMERCE. (TN. 66. 2). Oct. Arg. TB.

237 *Comptoir commercial.* Serpent autour d'un coffre-fort ℞. PACTE DES NEGOCIANS. AN. X. Caducée ailé. (TN. 92. 9). Oct. Arg. TB.

238 *Entrepreneurs de maçonnerie*. 1810. Règle, compas, équerre et niveau (TN, 46. 11). Oct. Arg. TB.

239 *Commerce de charbons de bois*. An 13. Une exploitation charbonnière au bord d'un fleuve. (TN. 8. 11). Oct. Arg. TB.

240 *Commerce de charbons de terre*. 1813. Mineurs au travail. Oct. Arg. TB.

241 *Société helvétique de bienfaisance à Paris*. 1821. Suisse assis, foulant une hydre. Au bas : LIBERTAS. UNIO. PATRIA Arg. TB.

242 *Institut de législation*. 1841. Pallas debout. Cuivre. TB.

243 *La Vinification perfectionnée*. Pressoir entre 2 cornes d'abondance. ℞. Soleil et cep formant couronne. 1822. Oct. Cuivre. TB.

244 **Assurances** (1). *La Sécurité commerciale*. Femme assise sur des ballots. ℞. ASSURANCES MUTUELLES ET A PRIMES FIXES CONTRE LES FAILLITES. PARIS. dans une couronne (Gauvin 18). Oct. Arg. TB.

245 *La Garantie agricole*. 1854. Couronne. ℞. SOCIÉTÉ D'ASSURANCES CONTRE LA GRÊLE. Cérès assise à g. (G. 27). Oct. Arg. TB.

246 *Les Assureurs parisiens*. 1866. Ancre et caducée. (G. 99). Oct. Arg. TB.

247 *Cercle commercial*. Navire. 1829. (G. 102). Oct. Br. TB.

248 *Chambre d'assurances maritimes*. 1832. Navire à voiles. Au bas : A LA GARDE DE DIEU (G. 104). Oct. Arg. TB.

249 *Comptoir maritime*. 1857. Navire à voiles sortant d'un port (G. 117). Oct. Arg. TB.

250 *Comptoir parisien*. Vue de la Seine et du Pont-Neuf. ℞. ASSURANCES MARITIMES. etc. 1843. Deux navires sous la tempête (G. 118). Oct. Br. TB.

251 *Courtiers de commerce*. Buste lauré de Napoléon I à dr. ℞. COURTIERS DE COMMERCE. Trois-mâts à g. Au bas : BOURSE DE PARIS. Oct. Arg. TB.

252 Autre. Buste nu de Louis XVIII à g. ℞. Le précédent. Oct. Arg. TB.

253 — Variété. Les lettres du droit plus éloignées de la tête du roi. Oct. Arg. TB.

254 *Courtiers de commerce et d'assurances*. Buste lauré de Louis-Philippe à dr. ℞. Mercure assis à g. devant la Bourse (G. 119). Oct. Arg. TB.

---

(1) Les numéros entre parenthèses se rapportent à l'ouvrage de M. Paul Gauvin, « *Jetons et Médailles des Compagnies d'Assurances* ». Paris. 1907.

255 — La même pièce. Oct. Br. TB.

256 *Courtiers de marchandises et d'assurances.* Couronne. ℞. BOURSE DE PARIS. Même type de Mercure (G. 121). Oct. Arg. TB.

257 — Tête nue de Napoléon III à dr. ℞. COURTIERS, etc. Couronne renfermant : BOURSE DE PARIS (G. 122). Oct. Arg. TB.

258 *L'Egide.* Cie anonyme d'ass. maritimes. Dans une couronne de roseaux : DÉCRET DU 7 OCTOBRE 1863. ℞. Pallas debout près de la mer et entourée de marchandises (manque à G.). Arg. TB.

259 *L'Etoile de la mer.* Etoile. MDCCCLVIII. ℞. Mercure assis à dr., près d'une galère, derrière lui une divinité, l'étoile au front, le couvre de son bouclier (G. 126). Arg. TB.

260 *La Flotte.* Emblèmes maritimes dans une couronne. ℞. 1861. Trois navires près d'un phare (G. 127). Cuivre. TB.

261 *La Mélusine.* Prêts à la grosse. Sirène sortant des flots. ℞. Navire dans la tempête (G. 134). Oct. Arg. TB.

262 *Le Pilote.* 1852. Pilote debout sur le bordage de son canot (G. 144). Arg. TB.

263 *Compagnie royale d'assurances.* MDCCCXVII. Couronne. ℞. Navire à voiles à dr. (G. 149). Oct. Arg. TB.

264 — Variété. La date en lettres plus petites. Oct. Arg. TB.

265 *La Transatlantique.* Assurances maritimes. 1858. Ange assis à g., protégeant un navire en perdition. (G. 158). Br. TB.

266 *Mutuelle Assurance contre l'incendie.* La Ville de Paris assise et la Prévoyance debout. ℞. Lég. dans une couronne. 1817-1847 en relief (G. 229). Oct. Arg. TB.

267 — Variété. La date 1817-1847 en creux. Oct. Arg. TB.

268 Même droit. ℞. SOCIÉTÉ D'ASSURANCE MUTUELLE DE LA VILLE DE PARIS 1817 dans une couronne (G. 230). Oct. Arg. TB.

269 Autre avec COMPAGNIE D'ASSURANCE MUTUELLE CONTRE L'INCENDIE POUR PARIS. AVRIL 1817 (G. 231). Oct. Arg. TB.

270 — Variété de coin ; lettres plus petites. Oct. Arg. TB.

271 — La même pièce. Oct. Cuivre argenté. TB.

272 *Cie d'Assurances générales.* Tête de Louis XVIII à g. ℞. Minerve debout, protégeant un enfant. Au bas MDCCCXVIII. (G. 291). Oct. Br. TB.

273 *La Bienfaisante.* Cie d'ass^ces contre l'incendie. ℞. Lég. dans une couronne. 1845 (G. 298). Oct. Etain. TB.

274 *La Confiance.* Cie d'ass. contre l'incendie. 1844. ℞. La Prévoyance debout, entourée d'attributs. Au bas : PINGRET. F. (G. 301). Oct. Arg. TB.

275 — Variété; la signature plus grosse. Oct. Arg. TB.
276 *La Nationale.* La Prévoyance relevant une femme. Au bas :
     BARRE. 1830. ℞. Lég. en 7 lignes. MDCCCXVII dans une couronne
     (G. 320). Oct. Arg. TB.
277 — Variété. La signature plus petite. Oct. Arg. TB.
278 — Autre. Petite signature. Coin varié. Oct. Arg. TB.
279 *Le Soleil* Soleil. Au centre, la tête d'Apollon. ℞. Légende et
     couronne. 1829 (G. 347). Oct. Arg. TB.
280 — Variété de coin. Oct. Arg. TB.
281 Soleil. Au centre, la tête d'Hélios sur des foudres. ℞. Le précé-
     dent (349). Oct. Arg. TB.
282 — Variété de coin. Oct. Arg. TB.
283 Tête nue de Napoléon III à g. ℞. COMPAGNIE DU SOLEIL. Tête
     d'Hélios sur un soleil rayonnant (G. 353). Oct. Arg. TB.
     Variété rare avec la grosse tête.
284 *L'Alliance des départements.* Deux mains enlacées sur un soleil.
     ℞. COMPAGNIE D'ASSURANCES SUR LA VIE dans une guirlande
     (G. 385). Oct. Br. TB.
285 *La Nationale.* LA PRÉVOYANCE DOTE L'AVENIR La Prévoyance et un
     père de famille près d'un coffre-fort. Au bas : XXIII MAI MDCCCXXX.
     ℞. Lég. dans une couronne (G. 409). Oct. Arg. TB.
286 — Variété, sans le point après AVENIR. Oct. Arg. TB.
287 — Même variété, mais d'un autre coin. Oct. Arg. TB.
288 *S⁰ d'ass. sur la vie des hommes,* 1820-22. Couronne. ℞. Le
     Temps assis à g. Au bas : INTER SE MORTALES METCA VIVUNT.
     (G. 410). Br. TB.

PROVINCES ET VILLES

289 **Aisne, Marne, Aube.** *Assurance incendie.* Tête de Louis XVIII à
     g. ℞. 1820. Lég. dans une couronne (Gauvin 178). Oct.
     Arg. TB.
290 **Alençon.** *Notaires.* LEX. etc. La Justice assise à g. Oct. Arg. TB.
291 — La Justice assise de face. Oct. Arg. TB.
292 **Amiens.** *Notaires.* Armes royales, ℞. 1816. La Justice assise à dr.
     Arg. TB.

293 — Mêmes armes. ℞. 1827. Tables et balance dans une couronne. Oct. Arg. TB.

294 — Coq dans une couronne de chêne. ℞. 1832. Le précédent. Oct. Arg. TB.

295 **Anvers**. *Chambre de Commerce*. Buste lauré de Napoléon 1. ℞. L'Escaut étendu à dr. 1809 (TN. 36. 6). Arg. TB.

296 **Artois**. *Marguerite de France*. + GAR. DE FAIR. RAETSIA. Écu parti. ℞. + PEPAENT. SAVES. AY DV AS. Croix arquée. Cuivre. B.

297 **Autun**. *Notaires*. La Justice assise de face. Oct. Arg. TB.

298 **Avignon**. *Le Chapitre*. CAPITVLV : ECCLESIE : AVINION. La Vierge et l'Enfant Jésus sur un croissant. ℞. SALVE : SANCTA : CRVX : Croix. Méreau. Cuivre. B.

299 **Bar-sur-Aube**. *Notaires*. 1840. Armes. Oct. Arg. TB.

300 **Bar-sur-Seine**. *Notaires*. La Justice assise à g. Oct. Arg. TB.

301 **Baugé**. *Notaires*. La Justice assise à dr. Oct. Arg. TB.

302 **Bazas**. *Notaires*. Tables et balance dans une couronne. Oct. Arg. TB.

303 **Beauce**. *La Beauceronne-Vexinoise*. Assurances grêle. Une gerbe (G. 23). Oct. Arg. TB.

304 **Besançon**. *Chambre de Commerce*. L'Industrie assise à g. ℞. 1819. Armes de la Ville. Arg. TB.

305 **Blaye** *Notaires*. La Justice assise de face. Oct. Arg. TB.

306 **Bordeaux**. *La Dordogne*. Armoiries. ℞. 1856. Deux vaisseaux (G. 43). Oct. Arg. TB.

307 *La Garonne*. La Garonne assise à g. ℞. ORDONNANCE ROYALE DU 21 NOV. 1846 dans une couronne de roseaux (G. 45). Oct. Arg. TB.

308 — Variété : DÉCRET IMPÉRIAL DU 24 MAI 1864 (G. 44). Oct. Arg. TB.

309 *La Guyenne*. Armes de Bordeaux. ℞. 1863. Navire voguant à g. (G. 48). Jeton à 16 pans. Arg. TB.

310 *La Sauvegarde*. MORALITE SÉCURITÉ ÉCONOMIE. Ancre et balance sur une gerbe. ℞. 1842. Lég. dans le champ (G. 262). Oct. Arg. TB.

311 **Bourg** *Notaires*. Armes de la ville. ℞. Code et balance. Oct. Arg. TB.

312 **Bourges**. *Notaires*. La Justice assise de face. Oct. Arg. TB.

313 **Bourgogne**. *Première race*. MAXELL. CAPELLE : DVCIS : Écu de Bourgogne ancien. ℞. S : IHES. EVVANG. Saint Jean debout. Méreau. Cuivre. B.

314 *Philippe-le-Hardi.* Ecu écartelé dans une bordure de lis et de
molettes alternés. ℟. Quatre pênes de clefs en croix dans une
même bordure. Cuivre. TB.

315 Jetons variés de Bourgogne et Bourgogne-Flandre. Cuivre. —
Ens 5 p. B. et TB.

316 *Les Etats.* Buste lauré de Louis XV à dr. ℟. 1761. Ecu sur un
manteau. Arg. TB.

317 — Louis XVI. Buste habillé à dr. ℟. 1782 Mêmes armes. Arg. TB.

318 *Claude Fyot, élu.* Ecu à ses armes, timbré d'une couronne,
d'une mitre et d'une crosse. 1701. ℟. DISSOLVET. ET ISTAM.
1701. Soleil et foudres. Arg. TB. Très rare.

Voyez planche II.

319 **Bretagne.** *Les Etats.* Tête de Louis XIV. ℟. 1685. Armes.
Arg. TB.

320 — 1730. Le Dauphin dans son berceau. Arg. TB.

321 — 1776. Armes. Arg. TB.

322 — 1778. Armes. Arg. TB.

323 **Caen.** *Calvados, Orne, Manche, Sarthe et Mayenne.* Assurance
contre l'Incendie. Conseil d'Administration (G. 192). Cuivre
doré. TB.

324 *Vétérinaires.* Tête couronnée de Louis-Philippe à dr. ℟. En
8 lignes : SOCIÉTÉ VÉTÉRINAIRE DU CALVADOS ET DE LA MANCHE
FONDÉE LE 15 AVRIL 1830. Arg. TB.

325 **Cambrai.** *La Ville.* Buste habillé de Louis XV. ℟. Armes. Arg.
Très beau.

326 — Variété. Buste lauré et cuirassé. Arg. TB.

327 *Notaires.* La Justice debout à g., par Le Saché. Oct. Arg. TB.

328 **Châlons sur-Marne.** *Notaires.* 1833. Tables et balance. Oct.
Arg. TB.

329 **Charleville.** *Prix général.* 1671. Main sur un cartouche. Cuivre. B.

330 *L'Unité.* 1846. Personnages allégoriques. Oct. Br. TB.

331 **Chartres.** Tête de Louis XVI à dr. ℟. Armes dans une couronne.
Arg. TB.

332 *Garantie mobilière.* Armes de Chartres cernées de chêne.
℟. ASSURANCES MUTUELLES CONTRE L'INCENDIE — EURE-ET-LOIR.
Dans une couronne : G M (G 208). Or. TB.

333 **Châteauroux.** *Notaires.* Tables et balance. Oct. Arg. TB.

334 **Cherbourg.** *Eclairage au gaz.* 1858. Ecu sur une cheminée
d'usine, tenu par deux ouvriers. Arg. TB.

335 **Clamecy**. *Notaires*. La Justice marchant à dr. ℞. Tables et
balance. Oct. Arg. TB.

336 Tête nue de Napoléon III à g., signée r. c. Le précédent. Oct.
Arg. TB.

337 — Variété. La signature plus grosse. Oct. Arg. TB.

338 **Compiègne**. *Huissiers*. Couronne. ℞. Lég. en 5 lignes. 1853.
Oct. Arg. TB.

339 **Coulommiers**. *Notaires*. 1831. Code et balance ; signé DUSSAUT.
Oct. Arg. TB.

340 — Le même sans signature. Oct. Arg. TB.

341 **Dauphiné**. Jetons variés et méreau Cuivre. — Ens. 4 p. B. et TB.

342 **Dieppe**. *Le Corps de ville*. Buste lauré de Louis XV. ℞. 1762.
Ecu entre 2 sirènes. Arg. TB.

343 *Prieur et juges consuls*. Tête laurée. ℞. 1758. La Justice assise
à g. Arg. TB.

344 *Notaires*. Tête de Charles X à dr. ℞. Lég. dans une couronne.
Oct. Arg. B. Rare.

345 Tête couronnée de Louis-Philippe à dr. ℞. Le même. Oct. Arg.
TB. Rare.

346 **Dijon**. *Académie*. Tête laurée de Napoléon I à dr., par Andrieu.
℞. En 6 lignes : ACADÉMIE DES SCIENCES, ARTS ET BELLES LETTRES
DE DIJON (TN. 45. 5). Arg. TB.

347 **Douai**. *Notaires*. La Justice debout à g., signée TIMBOUT LILLE.
℞. Armes. Oct. Arg. TB.

348 — Variété, signée LE COMTE LILLE. 1851. TB.

349 **Doullens**. *Notaires*. 1833. Tables et balance, signé BERGE. Oct.
Arg. TB.

350 — Variété sans signature. Oct. Arg. TB.

351 **Dreux**. *Notaires*. 1834. Tables et balance dans une couronne.
Oct. Arg. TB.

352 **Ferrare**. *Chambre des Comptes* (pour les domaines du duc en
France). Ecu. ℞. Navire. Cuivre. B.

353 **Flandre Wallone**. *Les Etats*. Buste de Louis XVI à g. ℞. Armes
sur un cartouche. Oct. Arg. TB.

354 — Buste habillé de Louis XVI à dr. ℞. Le précédent. Oct.
Arg. TB.

355 **Fontainebleau**. *Notaires*. La Justice assise de face. ℞. Légendes.
Oct. Arg. TB.

356 — Variété. Les lettres de la lég. circulaire du revers plus hautes.
Oct. Arg. TB.

357 **Gien**. *Notaires*. Tête de République. ℞. Balance. Oct. Arg. TB.

358 **Le Hâvre**. *Travaux du port*. Tête nue de Louis-Philippe à g. ℞. 1830. Lég. dans une couronne. Oct. Arg. TB.

359 *Compagnie des magasins*. 1859. Ecu du Hâvre tenu par deux enfants. Arg. TB.

360 *L'Olivier écossais*. Vue du temple maçonnique inauguré. ℞. Niveau. 1862. Br. TB.

361 *Cercle des Assureurs particuliers*. Armes du Hâvre. ℞. Navire entrant au port (G. 54). Oct. Br. TB.

362 *Assureurs maritimes*. 1864. Armes du Hâvre sur des emblèmes. Dessous, STERN PARIS. ℞. COMITÉ DU HAVRE cerné de roseaux (G. 56) Arg. TB.

363 Même droit. 1861. ℞. COMITÉ GÉNÉRAL DU HAVRE cerné de roseaux (G. 58) Arg. TB.

364 — Variété signée sur le côté : STERN A PARIS. Arg. TB.

365 *Le Commerce*. DÉCRET DU 10 AOUT 1849. Ancre et caducée. ℞. Couronne de roseaux (G. 59). Br. TB.

366 *Compagnie d'assurances* Tête de Louis XVI à dr. ℞. NAUTÆ SPES ET SALUS. 1786. Vaisseau naufragé près d'un port (G. 60). Oct. Arg. TB.

367 *Chambre d'assurance*. Même droit. ℞. EX PRUDENTIA SECURITAS. 1786. Vaisseau sur une mer calme (G. 61). Oct. Arg. TB.

368 *Compagnie d'assurance*. Buste drapé de Louis XVI. ℞. ARRIVE ET SOIS HEUREUX. 1789. Vaisseau et soleil rayonnant (G. 62). Oct. Arg. TB.

369 *Chambre d'assurance*. EX PRUDENTIA SECURITAS. Vaisseau à dr. ℞. NAUTÆ SPES ET SALUS. 1802. Vaisseau naufragé (G. 63). Oct. Arg. TB.

370 *Compagnie d'assurance*. Tête de Louis XVIII. ℞. EX PRUDENTIA SECURITAS. MDCCCXVI. Vaisseau à dr. (G. 64). Oct. Arg. TB.

371 *Compagnie des Apparaux maritimes*. Machine à mâter devant un bassin. 1847. (G. 68). Oct. Arg. TB.

372 *Compagnie Hâvraise et Parisienne*. 1836. Navire à dr. sur une mer agitée (G. 70). Oct. Arg. TB.

373 *Compagnie d'assurances solidaires* LUDOVICUS XVI REX CHRISTIANISS. Buste drapé de Louis XVI a dr. ℞. FIT ETIAM FORTIOR PRUDENT. 1783. Hercule présentant à la Vérité la corne d'Achéloüs abattu (G. 71). Arg. TB. Rare.   *Voyez planche II*.

374 — Variété avec CHRISTIANISSIMUS. (G. 72). Oct. Arg.

375 *Compagnie commerciale d'assurances maritimes.* Navire à dr. ℞. Lég. en 5 lignes dans une couronne de fleurs et de fruits des tropiques (G. 73). Oct. Arg. TB.

376 *Compagnie nouvelle.* Vaisseau à g. ℞. Lég. en 6 lignes dans le champ. 1862 (G. 74). Oct. Arg. TB.

377 *Les Deux Mondes.* Les 2 Hémisphères dans les rayons du soleil. ℞. Lég. en 5 lignes dans une couronne (G. 75). Arg. TB.

378 *L'Équité.* Navire à vapeur. ℞. Lég. en 6 lignes dans une couronne de chêne. 1853 (G. 77). Br. TB.

379 *La Fortune.* 1843. Couronne de chêne. ℞. La Fortune de face sur sa roue, entre une corne d'abondance et des ballots (G. 78). Oct. Arg. TB.

380 *La Persévérance.* L'Hôtel de Ville du Hâvre. ℞. COMPAGNIE ANONYME D'ASSURANCES MARITIMES. Dans le champ : LA PERSÉVÉRANCE. 1861. Petite ancre (G. 86). Br. TB.

381 **Issoudun.** *Notaires.* Tables et balance. Oct. Arg. TB.

382 **Languedoc.** *Les États.* 1711. Tête de Louis XIV. ℞. PULSIS HOSTIBUS. 1710. Le port de Cette. Cuivre. TB. Rare.

383 — 1650. Armes. — 1678. Neptune debout (Ouverture du Canal des 2 mers) — Toulouse. POUR FAIRE CHAPEAVS IOLIS EVILLES ROSES ET BOVTONS. Cuivre. — Ens. 3 p. B.

384 Buste de Louis XIV. ℞. PACATA PROVINCIA. 1705. Femme assise à g. Arg. B.

385 Tête de Louis XV à dr. ℞. ECCE SOLAMEN. La Province assise près d'un lion endormi. Un enfant, tenant l'écu de l'archevêque Berton de Crillon, lui enlève son voile. Au bas, com. occit. 1740. Arg. TB. Rare.

386 Tête de Louis XVI à dr. ℞. COM. OCCIT. 1777. Écu de Toulouse cerné de palmes et de lauriers. Arg. TB.

387 Buste de Louis XVI avec cheveux longs à dr. ℞. COM. OCCIT. 1785. Armes sur un cartouche. Arg. TB.

388 **Laon.** *Notaires.* Tête de Louis XVIII à dr. ℞. Tables et emblèmes. 1816. Oct. Arg. TB. Rare.

389 **Lesparre.** *Notaires.* NOTAIRES DE L'ARROND. DE LESPARRE GIRONDE. dans une couronne. Octog. Arg. TB.

390 — Variété avec ARRONDISSEMENT. Octog. Arg. TB.

391 **Lille.** *La Monnaie.* AD REGIS NUTVM OTIA PELLVNT. Ruche dans un jardin. ℞. LABORIS FRUCTUS IMMUNITAS. La Monnaie aux genoux du roi. Arg. TB.

392 *Chambre de Commerce*. Buste habillé de Louis XVI. ℟. Boussole sur un cippe. Arg. TB.

393 *Paroisse de St Maurice*. s. m. Le saint à cheval à g. ℟. 1666. Grand lis. Méreau. Cuivre. TB.

394 *Chambre des Comptes, Etats*, etc. 9 p. variées. *Paroisse de St Etienne*. 7 p. *Abbaye de Cysoing*. 2 p. *Nord de la France*, etc. Monnaies, jetons et méreaux. 36 p. Arg., Cuivre et plomb. — Ens. 54 p. La plupart TB.

395 *Visite de Charles X*. Sa tête à dr. ℟. Lég. dans une couronne. 1827. Arg. TB.

396 *Le Nord*. Femme à dr., étendant le bras vers une maison en construction. ℟. ASSURANCE, etc. 1840. Couronne renfermant : LE NORD (G. 322). Octog. Arg. TB.

397 — Variété, le mot LILLE sous la couronne du revers. Oct. Arg. TB.

398 *Notaires*. La Justice appuyée contre un cippe, sans signature. Oct. Arg. TB.

399 *Société du Gaz*. Femme debout, tenant un écu et un réverbère, près d'une cuve. ℟. En 8 lignes : TÉMOIGNAGE DE RECONNAISSANCE A M^{RS} ISAAC HOLDEN & FILS PAR J.-B. GUERMONPREZ & CIE, GAZ DE WAZEMMES, LILLE, 2 AVRIL 1874. Oct. Arg. TB.

400 **Limoges**. *Assurances contre l'incendie*, 1841. Maisons en flammes. Au bas : DIRECTION DE LIMOGES (G. 222). Oct. Arg. TB.

401 — Variété signée DECOURCELLE sous la plinthe (manque à Gauvin). Oct. Arg. TB.

402 **Loire** *Fonderies et forges de l'Horme*. 1847. ℟. PATRIÆ VIRES. Haut-fourneau. Arg. TB.

403 **Loudun**. *Comptoir de l'arrondissement*. Oct. Arg. TB.

404 **Lyon**. *Claude de Madières*, premier échevin. Son écu. ℟. NIL VENTI SINE RECTORE. Vaisseau Cuivre. B.

405 *J. B. Giraud*, échevin. Son écu ℟. ÆQVITAS, VRBIS, CONSERVATIO, 1674. La Justice assise à g. Cuivre. B.

406 *Thomas de Moulceau*, procureur général. Son écu. ℟. Le précédent. 1674. Cuivre. TB.

407 *N*** et Phelippes de Farouville* Cartouche aux 2 écus accolés, timbrés d'un casque. ℟. Armes de Lyon entre le Rhône et la Saône debout. Cuivre. TB. Rare.

408 Lot de jetons des maires et échevins. — L'archevêque de Richelieu. Cuivre. — Ens. 42 p. Quelques doubles. Une douzaine en mauvais état ; les autres B. et TB.

409 *Chambre de commerce*. Ecu au-dessus du Rhône et de la Saône assis. ℞. Semeur entre le Rhône et la Saône assis. Arg. TB.

410 — Variété sans lég. circulaire. Ecu entre le Rhône et la Saône. ℞. Le précédent. Arg. TB.

411 *Académie littéraire*. Ecu entre les 2 fleuves assis. ℞. ATHENAEUM, etc, MDCC. L'autel de Lyon. Arg. TB.

412 *Société de médecine*. AD VITAM ARTE REDDIT. Hippocrate guérissant un guerrier. ℞. ET VIGIL ET PRUDENS. Coq et serpent en regard. Au bas : COLLEG. MEDIC. LUGD. Arg. TB. Rare.

413 HIPPOCRATES. Sa tête nue à g. ℞. STUDIO ET ARTE. Serpent autour d'un arbre. Au bas : SOC. MED. LUGD. 1789 (TN. 17. 4). Arg. TB.

414 *Société de pharmacie*. CLAUDE GALIEN. Sa tête à dr. ℞. SOCIÉTÉ DE PHARMACIE DE LYON. MDCCCVI. Minerve en Terme et le serpent d'Esculape (TN. 16. 4). Arg. TB.

415 *Agents de change*. EO FAVENTE RESTITUTI. L. FLOR. ANNO XI. R. G. Buste de Bonaparte à dr. ℞. QUI DICTA FERANT ET FŒDERA FIRMENT. Emblèmes. Au bas : AGENTS DE CHANGE DE LYON. 1803 (TN. 94. 6). Arg. TB.

416 *L'Auxiliaire*. Assurance des Entrepreneurs lyonnais. 1863. Cartouche aux armes de Lyon (G. 1). Br. TB.

417 *Société de prévoyance des Pharmaciens*. 1853. Ruche dans un laboratoire. Arg. TB.

418 *Compagnie des 2 ponts sur la Saône*. 1827. Vue d'un pont en fer et des quais de la Saône au bas de Fourvières. Oct. Arg. TB.

419 **Mâcon**. *Notaires*. Armes de la ville. Oct. Arg. TB.

420 **Mantes**. *La Ville*. ✝ A SE IPSA QVERCVM RETINET REX LILIVM ADAVXIT. Ecu. ℞. ✝ SIC IVNCTA QVERCV LILIA MANTA GERIT. Chien couché. Au bas : FIDELIS COMES. 1576. Cuivre. TB.

421 *De Flicourt, maire*. Ecu de Mantes. ℞. FONTES RESTAVRATI. 1689. Fontaine. Cuivre. B.

422 **Marseille**. *Courtiers de Commerce*. Armes de la ville. ℞. Mercure appuyé sur une ancre (G. 92). Oct. Arg. TB.

423 *Courtiers inscrits*. Mêmes types (G. 63). Oct. Arg. TB.

424 **Meaux**. *Chapitre St Etienne*. AVE. MARIA. GRATIA PLEN. Buste de la Vierge tenant l'Enfant-Jésus. ℞. S. STEPHANVS. MELDENSIS. Dans le champ AVE. Méreau. Cuivre B.

425 **Mende**. *La Cathédrale*. S. PRIVAT. ORA. PRO. NOBIS. Ecu. ℞. SANCTE. PRIVATE. ORA. PRO. NOBIS. Le Saint à mi-corps, de face. Méreau. Cuivre. B.

426 **Metz**. *Echevins*. De Givry. 1677. — De Bérard. 1678 et 1680. — Poutet. 1683. — Charles III de Lorraine. Cuivre. — Ens. 5 p. TB.

427 **Montauban**. *Tribunal de Commerce*. Ecu de la ville. ℞. En 7 lignes : LE TRIBUNAL, etc. A Mᴿ Gᴹᴱ MÉRIGNAC SON PRÉSIDENT. 1825. Oct. Br. TB.

428 **Montdidier**. *Notaires*. Mains jointes. ℞. Tables et balance. Oct. Arg TB.

429 Buste casqué de Pallas. ℞. Armes de la ville. Arg. TB.

430 **Moulins**. *Collégiale*. COLLEGE DE MOLINS. Lis barré. ℞. Chiffre I entre M-D dans un épicycloïde. Méreau. Cuivre.

431 *Notaires*. LEGES ET MORES dans une couronne. Oct. Arg. TB.

432 — Variété. La couronne du droit retouchée. Oct. Arg. TB.

433 **Mulhouse**. MULHOUSE LE XXII FEVRIER MDCCCXIX. Armes de Kœchlin. ℞. 5oᴹᴱ ANNᴱ DU MARIAGE DE Mᴿ J. KOECHLIN ET DE Mˡˡᴱ CLIMÈNE DOLLFUS en 5 lignes. Br. TB.

434 **Nancy**. *Chambre de ville*. NON INVLTVS PREMOR. 1674. Ecu. ℞. Vue de Nancy. Arg. TB.

435 Mêmes types; sans date, 1616 et 1660. — Tête du duc Charles IV 1669. — Le duc à cheval, 1663 et 1668. — Entrée du prince Léopold. 1714. Cuivre. — Ens. 7 p. TB.

436 **Nantes**. *Bellabre*. Ecu de la ville. ℞. PROTEGIT ET PASCIT. 1748. Ecu du maire. Arg. TB.

437 *Darquistade*. Son écu. ℞. PATRIO CLAVUM SUSCEPIT AMORE. 1743. Ecu de Nantes. Arg. TB.

438 *Joubert du Collet*. Ecu de la ville. ℞. Ecu du maire entre 2 lions. Au bas 1762-1763. Arg. TB.

439 *Berrouette*. Ecu de la ville. ℞. IN TE DOMINE SPERAVI. 1782-1783. Son écu. Arg. TB.

440 *La Nantaise*. CUIQUE ET OMNIBUS PRODEST. Ecu, signé H. DELAHAYE. NANTES. ℞. Lég. en 5 lignes (G. 240). Hexagone. Arg. TB.

441 — Variété, signée CHARPENTIER A NANTES. Hexagone. Arg. TB.

442 **Nemours**. *Election*. Buste lauré et cuirassé de Louis XV. ℞. ELECTION DE NEMOURS dans une couronne. Arg. TB.

443 **Neufchatel**. *Notaires*. La Justice marchant à dr. Arg. TB.

444 Tête nue de Louis-Philippe à g. par Loursel. Arg. TB.

445 Tête de Louis-Philippe couronnée de chêne à g. Non signé. ℞. par Bessaignet. Arg. TB.

446 **Nogent-le-Rotrou**. *Notaires*. La Justice assise de face. Arg. TB.

447 **Orléans**. *Lamyrault de Cottinville, maire*, 1777. Ecu tenu par 2 lions. ℞. ME VINDICE LILIA FLORENT. La Pucelle assise; au bas, AURELIA. Oct. Arg. TB.

448 *Massuau de Laborde, maire*, 1783. Son écu sur un cartouche. ℞. Le précédent. Oct. Arg. TB.

449 *Marchands de la Loire*. Fleuve étendu à dr. Au bas, LIGERIS. 1735. ℞. EX. LIBERTATE. COMERCII. VBERTAS. Vue d'Orléans; au bas AVRELIA. Arg. TB.

450 *Assurances générales du Loiret*. Dans une couronne : ORLÉANS. ℞. Trophée d'armes (G. 10). Oct. Arg. TB.

451 *Mutuelle orléanaise* contre les chances du tirage au sort. Tambour, drapeaux, etc., en trophée (G. 15). Oct. Arg. TB.

452 *Notaires*. Tête de République à dr. Oct. Arg. TB.

453 **Pithiviers**. *Notaires*. Tables et balance. Oct. Arg. TB.

454 **Poitiers**. *Notaires*. La Justice marchant à dr. Oct. Arg. TB.

455 **Pontoise**. *Eglise St Melon*. 1366. Le saint debout. ℞. S. MELONI. DE PONTISARA. Dans le champ VIII. Méreau. Cuivre.

456 *Notaires*. Armes royales. ℞. 1816. Balance sur un laurier et une plume. Oct. Arg. TB.

457 **Provence**. *Robert d'Anjou*. Tête couronnée à g. dans une bordure de coquilles. ℞. Ecu écartelé en sautoir d'Anjou et de Jérusalem. Bordure de lis et de coquilles alternés. Cuivre. B. Très rare.

458 **Reims**. *Arquebusiers*. Saint Antoine debout. 1707. Cuivre. TB.

459 *Notaires*. 1824. La Justice assise à g., signé Tiolier en italiques. Arg. TB.

460 **Rennes**. *Hévin, maire*. Armes de la ville tenues par deux hermines. ℞. PRAESTABIT QUOS DECET USUS. 1758. Armes de Hévin. Arg. TB.

461 **Roanne** *Notaires*. Tête de République à g. Arg. TB.

462 **La Rochelle**. *Notaires*. 1835. Tables et balance. Arg. TB.

463 **Romorantin**. *Notaires*. Tables et balance. Oct. Arg. TB.

464 **Rouen**. *La Municipalité*. Tête de Louis XIV à dr. ℞. CIVITAS. etc. 1707. Cartouche aux armes de Rouen. Arg. TB.

465 SEDENTI IN THRONO ET AGNO BENEDICTIO. Roi se levant devant l'Agneau pascal. ℞. AGNVS REDEMIT OVES. 1691. L'Agneau pascal entouré d'un troupeau. Arg. TB.

466 D. R. Buste de face dans un entourage d'oves. ℞. Chiffre IIII dans une bordure de quintefeuilles. Méreau. Cuivre. TB. Rare.

467 *Avocats au Parlement*. Tête de Louis XVI à dr. ℞. 1776. Lég. dans une couronne. Arg. TB.

468 *Académie*. Tête laurée de Napoléon I. ℞. Minerve assise, désignant le temple de l'Immortalité (TN. 16. 8). Arg. TB.

469 *La Sauvegarde des Travailleurs*. La Prévoyance debout entre un ouvrier et un enfant (G. 5). Oct. Arg. TB.

470 *La Normandie*. DIEX AIE AT NOSTRE DAME. Armes de Normandie. ℞. LA NORMANDIE. COMPAGNIES D'ASSURANCES MUTUELLES MOBILIÈRES ET IMMOBILIÈRES CONTRE L'INCENDIE. ORDONNANCE DU ROI 20 SEPT. 1840 (G. 242). Oct. Arg. TB.

471 Variété avec LA NORMANDIE. MUTUALITÉ CONTRE L'INCENDIE POUR LA FRANCE ET LA BELGIQUE. ORDONNANCE DU 20 7ᵇʳᵉ 1840 (G. 243). Oct. Arg. TB.

472 Autre avec LA NORMANDIE. MUTUALITÉ DES 19 DÉPARTᵗˢ DU NORD. ASSURANCES MUTUELLES MOBILIÈRES ET IMMOBILIÈRES CONTRE L'INCENDIE. ORDONNANCES DES 20 7ᵇʳᵉ 1840 & 6 9ᵇʳᵉ 1849 (G. 244). Oct. Arg. TB.

473 *Seine-Inférieure et Eure* (Ancienne Mutuelle). E CINERE SUO REDIVIVUS. Phénix sur son bûcher (G. 264). Oct. 36%. Arg. TB.

474 — Variété. Le bec du phénix plus à g. Oct. 34%. Arg. TB.

475 *La Mutuelle-Vie*. Phénix sur un bûcher; au-dessus : E CINERE etc. sur une banderolle (G. 468). Arg. TB.

476 **Roussillon**. Bractéates dites *Paillofes* pour Perpignan, Elne, etc. Laiton. — Ens. 13 p.

477 **Saint-Etienne**. *Notaires*. 1846. Gnomon. La couronne du revers porte 25 glands. Oct. Arg. TB.

478 — Même pièce d'un autre coin. La couronne porte seulement une douzaine de glands. Oct. Arg. TB.

479 **Saint Lô**. *Comptoir commercial*. Ruche. Oct. Arg. TB.

480 **Sedan**. *Frédéric-Maurice de La Tour*. Son buste à dr. ℞. NON EST CONSILIVM ADVERSVS DOMINM. Ecu. Cuivre. TB.

481 **Seine-et-Marne**. *Assurance contre la grêle*. 1829. Cérès assise à g. (G. 32). Oct. Arg. TB.

482 **Seine-et-Oise**. *Conseil d'hygiène et de salubrité*. HYGIA SALUS. Tête à g. Oct. Arg. TB.

483 *Assurance mutuelle contre l'incendie*. La Prévoyance debout. ℞. Dans une couronne : DEPᵗˢ DE SEINE ET OISE ET DE LA SEINE (PARIS EXCEPTÉ. etc. 1819 (G. 182). Oct. Arg. TB.

484 — Variété de coin. Signature plus petite. Oct. Arg. TB.

485 **Semur**. *Notaires*. 1867. Tables et balance. Arg. TB.

486 **Sens**. *Juge et Consuls*. Buste de Louis XVI à g. ℞. 1766. La Justice marchant à dr. Arg. TB.

487 **Somme**. *Caisse départementale*. Tête de République à g. signée OUDINÉ. ℞. CAISSE DE SECOURS CONTRE L'INCENDIE ET LA GRÊLE en 6 lignes (G. 193). Arg. TB.

488 — Variété. Tête de République couronnée de chêne, signée BORREL. F. (G. 196). Arg. TB.

489 *Assurance mutuelle contre l'incendie*. Tête de Louis XVIII à g. ℞. ORDONNANCE DU ROI DU 4 AVRIL 1821 dans une couronne (G. 275). Arg. TB.

490 **Toulouse**. *Académie*. Tête de Pallas sur un écu fleurdelisé. ℞. Ruche entourée de rosiers. Arg. TB.

491 *La Province*. Assurance contre la grêle. Ecu de Toulouse sur des gerbes en sautoir (G. 30). Arg. TB.

492 Ecu posé sur des emblèmes d'agriculture. ℞. ASSURANCE MUTUELLE CONTRE LA GRÊLE. Couronne d'épis et de pampres avec SOCIÉTÉ DE TOULOUSE (G. 33). Oct. Arg. TB.

493 *Notaires*. LEGES ET MORES. Code. Arg. TB.

494 **Tours**. *Boutault de Beauregard*. 1615-1616. Ses armes. ℞. DVM. PREMOR. ATTOLOR. Ecu de la ville. Cuivre. TB.

495 *Bovet de la Noue*. 1646. Ses armes. ℞. SPEI. GALL. FIDVCIA. Ecu de la ville. Cuivre. TB.

496 *Cop de Pocé*. Tête au bandeau de Louis XV. ℞. MAIRIE DE Mr DE COP DE POCÉ. 1765. Armes de Tours. Arg. TB.

497 *Notaires*. La Justice assise de face. ℞. Lég. dans une couronne. Au bas CAQUÉ. Oct. Arg. TB. Rare.

498 — Le même, signé F. O. au ℞. Oct. Arg. TB.

499 **Troyes**. *Arquebuse*. Buste drapé de Louis XVI à g. ℞. ARMIS QUE RENDUS HONOS. Ecu sur des drapeaux et des armes en sautoir. Arg. TB. Rare.

500 **Valence**. *Louis de Villars-Thoire, évêque* + LEX DEI VERA EST. Son écu. ℞. + IE. TE. BI. EN. Croix cantonnée de 4 molettes. Cuivre. TB. Très rare.

501 **Vassy**. *Notaires*. Balance dont les bras touchent les tables de la Loi. ℞. signé LEVEQUE Pt PALAIS Rt 121. Oct. Arg. TB.

502 — Variété. Les bras de la balance un peu au dessus de la table. ℞. signé LEVEQUE Pt PALAIS Rt 31. Oct. Arg. TB.

503 **Vendôme**. *Antoine, duc*. ANTOINE DVC DE VENDOSMOYS. Ecu avec le collier de St Michel. ℞. + PER. DE. FRANCE. CONTE. DE. MAPLE. ET. S. Loup passant à g. Cuivre. B. Rare.

504 **Versailles.** *Notaires.* Tête laurée de Napoléon I à dr. ℞. JUSTI-
TIAE SOLE PACTA COMPONUNT. Soleil, balance et main de justice
(TN. 29, 19). Arg. TB. Rare.   *Voyez planche II.*

505 **Vienne.** *Chapelains.* + SANTVS. MAVRICIVS. Monogr. **S M**. ℞. + LI:
CLERICORVM : VIENNE. Croix tréflée. Méreau. Cuivre.

506 **Villefranche.** *Notaires.* La Justice assise à g. sur une base lisse et
tenant une table sur laquelle on lit EDIT DE LOUIS IX. ℞. Armes.
Oct. Arg. TB.

507 — Variété, la base rayée. Oct. Arg. TB.

508 — Même type de la Justice, basse lisse, avec EDIT DE LOUIS XI.
Oct. Arg. TB.

509 — Variété, la base rayée. Oct. Arg. TB.

510 **Vitry-le-François.** *Notaires.* Buste de François I à dr. signé
CAUNOIS F. ℞. Code. Oct. Arg. TB.

511 — Variété, signée CAUNOIS; même revers. Oct. Arg. TB.

*   *   *

512 **Savoie.** + AVE. MARIA, GRACIA, PLE. Ecu à la croix de Savoie.
℞. Croix fleurdelisée dans un quadrilobe (Promis. I. 10).
Cuivre. TB.

513 Ecu timbré d'un casque de forme bizarre dans un entourage
d'oves. ℞. Croix tréflée cantonnée de F. E. R. T dans un même
entourage (P. II. 17). Cuivre. B.

514 Ecu penché sous un même casque, mais de profil, entre 2 lacs.
℞. Croix fleuronnée cantonnée de F. E. R. T. (P. II. 21).
Cuivre. TB.

515 Ecu penché sous le casque de face, accosté de **R** et d'une rose.
℞. Lég. simulée. Ecu à 3 lis sous une couronne (P. III. 33).
Cuivre. B.

516 Ecu penché et casque droit accosté de FE-RT dans un sexilobe.
℞. Lég. simulée. Ecu aux lis sous une petite couronne, accosté
de 2 lis (P. III. 34 var.). Cuivre. B.

517 Même droit d'un autre coin. ℞. Dans le champs **YPS**. Au dessus,
3 lis ; dessous, 3 quintefeuilles (manque à Promis ; Cf. III. 36).
Cuivre.

518 Ecu penché et casque droit accosté de **R** et d'une rose dans un entourage festonné. ℞. Lég. simulée. La Vierge de face, tenant l'Enfant Jésus, entre 2 croisettes (P. III. 37 var.). Cuivre. TB.

519 Même droit. ℞. Lég. simulée. Croix à triple nervure fleurdelisée, cantonnée de 4 étoiles (manque à Promis). Cuivre. B.

520 Même droit. ℞. Lég. simulée. Couronne à 3 fleurons, fermée de 2 hautes branches (manque à Promis). Cuivre. TB.

521 Casque de profil cimé d'un vol et accosté de FE-RT. ℞. Flèche sur 4 roues, bordure de rosettes. — Casque cimé d'une tête et d'un vol dans une ellipse. ℞. Le précédent. Cuivre. — Ens. 2 p. p. B. et TB.

522 FORTITVDO. EIVS. RODVM. TENVIT. Ecu couronné aux armes pleines de Savoie, avec le collier. ℞. GALLIA FORTITVDO. Deux guerriers. Cuivre. TB.

523 *Le prince Eugène.* PRINCEPS. EVGENIVS. A. SABAVDIA. Ecu couronné ℞. NATVS. AD. SVBLIMIA. 1656. Aigle essorant vers le soleil. Cuivre. B.

524 *Michel Antoine, marquis de Saluces.* MICHAEL : ANT : SALVTIARV : Ecu timbré d'un casque de profil cimé d'un aigle couronné. ℞. SANCTVS CONSTANTIVS. Le saint à cheval à dr. Cuivre. B. mais troué.

525 *Indéterminé.* Ecu parti d'un demi-aigle et d'une fasce accompagnée en chef d'une tête de lion ? et en pointe de 3 besants, dans un quadrilobe. ℞. Lég. simulée. Ecu aux 3 lis dans un trilobe. Cuivre. TB.

526 **Allemagne** *Spire.* Méreau du Chapitre de St Maximilien. *Palatinat.* Ecu. 2 variétés. *Divers.* 3 p. Cuivre. — Ens. 6 p. B. et TB.

527 **Jetons des Réformateurs, par Dassier.** *Théodore de Bèze,* pasteur à Genève. Buste à g. ℞. Lég. en 8 lignes. Arg. TB.

528 *Henri Bullinger,* théologien à Zurich. Buste à g. ℞. Lég. en 8 lignes. Arg. TB.

529 *Guillaume Farel,* pasteur à Genève. Buste à dr. ℞. Lég. en 12 lignes. Arg. TB.

530 *Simon Grynæus,* théologien à Bâle. Buste à g. ℞. Lég. en 12 lignes. Arg. TB.

531 *Berthold Haller,* réformateur à Berne. Buste à g. ℞. Lég. en 9 lignes. Arg. TB.

532 *Jean de Lasco*, réformateur polonais. Buste à dr. ℞. Lég. en 6 lignes. Arg. TB.

533 *Pierre Martyr*, florentin, théologien à Zurich. Buste à dr. ℞. Lég. en 9 lignes. Arg. TB.

534 *Philippe Melanchton* (Schwartzerde), théologien à Wittenberg. Buste à g. ℞. Lég. en 8 lignes. Arg. TB.

535 *Pierre Viret*, pasteur à Genève. Buste à g. ℞. Lég. en 8 lignes. Arg. TB.

536 *Martin Bucer*, théologien allemand, mort à Cambridge. Buste à g. ℞. Lég. en 9 lignes. Arg. TB.

537 *Thomas Crammer*, archevêque, brûlé vif à Oxford. Buste à dr. ℞. Lég. en 9 lignes. Arg. TB.

538 *Paul Fagius*, pasteur à Strasbourg, mort à Cambridge. Buste à g. ℞. Lég. en 10 lignes. Arg. TB.

539 *Patrice Hamilton*, théologien écossais. Buste à dr. ℞. Lég. en 6 lignes. Arg. TB.

540 *Hugo Latimer*, évêque anglais, brûlé vif à Oxford. Buste à dr. ℞. Lég. en 9 lignes. Arg. TB.

541 *Wolfgang Musculus*, lorrain, professeur de théologie à Berne. Buste à g. ℞. Lég. en 8 lignes. Arg. TB.

542 *Jean Œcolampade* (Hausschein), théologien à Bâle. Buste à dr. ℞. Lég. en 7 lignes. Arg. TB.

543 *Nicolas Ridle*, évêque de Londres, brûlé vif à Oxford. Buste à dr. ℞. Lég. en 8 lignes. Arg. TB.

544 **Lots**. Jetons divers. Environ 150 p. Cuivre.

545 Jetons anciens et modernes en argent. Poids : 650 gr. environ. B. et TB.

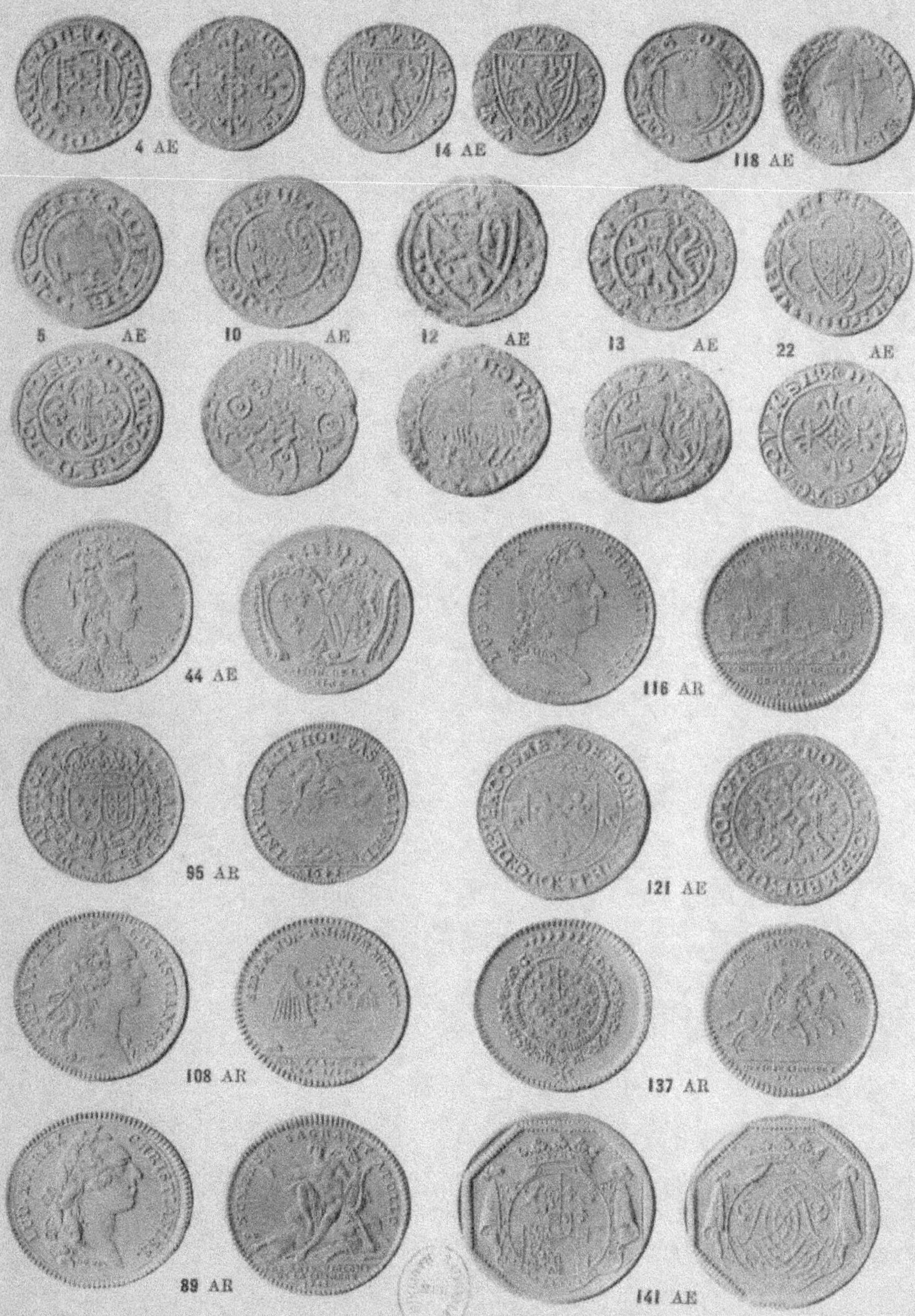

4 AE
14 AE
118 AE
5 AE
10 AE
12 AE
13 AE
22 AE
44 AE
116 AR
95 AR
121 AE
108 AR
137 AR
89 AR
141 AE

143 AR
373 AR
172 AR
175 AR
192 AR
196 AR
197 AR
202 AR
204 AR
205 AR
218 AR
504 AR